Perspektivwechsel Gera

Titelbild Untermhaus
Idyllisch an einem Bogen der Weißen Elster gelegen, befindet sich der Geraer Stadtteil »Untermhaus« am Fuße des bewaldeten Hainberges. Neben dem berühmten Schloss Osterstein ist hier auch das Otto-Dix-Haus zu finden. Es ist das Geburtshaus des bedeutenden Malers und Grafikers Otto Dix (1891–1969), der im 20. Jahrhundert wirkte. In der Kunst- und Kulturstadt Gera sind noch viele seiner Werke aus verschiedenen Schaffensperioden zu besichtigen. Es schließt sich das imposante Areal des Hofwiesenparks an, das viel Raum für Kunst, Sport und Aktion bietet.

Die Siemensstraße mündet in die vierspurige Berliner Straße. Wir sehen links begrünte Dachterrassen und unten organisch geschwungene Zuwege und viel Grün.

← Berliner Straße Siemensstraße

Perspektivwechsel Gera

Ein Spaziergang über den Dächern der Stadt

Martin Raffelt | Jörg-Uwe Jahn

IMPRESSUM

Projektmanagement
allround-publication
Texte
Martin Raffelt, Josefine Mehlhorn, Marcella Baumann
Fotografie
Jörg-Uwe Jahn
Grafik, Design, Satz, Layout
medium2d UG (haftungsbeschränkt), Saalfeld;
Martin Raffelt
Lektorat
Christian Pfeffer
Druck und Bindung
Druckhaus Gera, Gera
Herausgeber
allround-publication

© 2014 Jörg-Uwe Jahn und Martin Raffelt
www.allround-publication.com

Die Verwertung der Texte und Bilder, auch auszugsweise, ist ohne die Zustimmung der Rechteinhaber urheberrechtswidrig und strafbar. Dies gilt auch für Vervielfältigungen, Mikroverfilmungen und für die Verarbeitung mit elektronischen Systemen.

ISBN 978-3-944078-38-0
[ISBN Premium Ausgabe 978-3-944078-39-7]

Printed in Germany

- 7 Geleitwort Oberbürgermeisterin
- 9 Geleitwort Autoren
- 10 Wie alles kam …
- 11 Geleitwort der Ostthüringer Zeitung
- 12 Markante Plätze und Orte

- 16 Salvatorkirche – Johanniskirche – Hauptbahnhof
- 18 Gesamtansicht Gera
- 20 Hofwiesenpark

- 22 Gestern und Heute
- 30 Stadtzentrum

- 36 Hauptbahnhof
- 38 Salvatorkirche – Rathaus – »KuK« – Johanniskirche
- 40 Salvatorkirche – Rathaus – Johanniskirche

- 42 Leben und Wohnen in Gera

- 56 Elsterdamm
- 58 Stadion der Freundschaft – Veolia-Bühne – Heinrichsgrün
- 60 Untermhaus

- 62 Wohnanlagen – Grünanlagen – Gewerbe
- 102 360°-Panoramen
- 106 Straßenregister
- 107 Sponsoren
- 108 Bildnachweis

Johannisstraße

Hier ist ein Ensemble an Plätzen im **historischen Zentrum** von Gera zu sehen: rechts der reich begrünte Johannisplatz, im Zentrum der Marktplatz mit seinen restaurierten Fassaden und schließlich der Kornmarkt, der die Verwaltung der Stadt Gera beherbergt.

»Mach sichtbar, was vielleicht ohne dich nie wahrgenommen worden wäre.«

Beim Betrachten dieses Bildbandes werden Ihnen diese Worte des französischen Filmregisseurs Robert Bresson nicht aus dem Kopf gehen. So haben Sie, liebe Leserin, lieber Leser, unser Gera noch nicht gesehen. Rechtzeitig zum Jubiläum 777 JAHRE STADTRECHT erscheint der Bildband »Perspektivwechsel Gera«.

Heinrich Posthumus Reuß gehört zu den großen historischen Persönlichkeiten, die unsere Stadt Gera geprägt haben. Er gründete vor über 400 Jahren das Gymnasium, förderte die Wirtschaft, machte Gera zu einer weltoffenen Stadt.

Wirtschaft und Bildung zu fördern, das sind für mich die Schlüsselfragen auch unserer Zeit. Bedeutende Investitionen in der Industrie, in Hochschulen, Handwerk und Dienstleistungen konnten seit Mitte 2012 gesichert werden. In zwei Jahren wurden von der Privatwirtschaft allein in die Großprojekte rund eine Viertelmilliarde Euro investiert.

Künftig mögen die Wurzeln, die unser Gera einst stark gemacht haben, für die Menschen weitaus intensiver erlebbar werden. Lassen Sie sich begeistern von diesem Bildband. Halten wir uns gedanklich an den preußischen Architekten Karl Friedrich Schinkel:

»Wer die Perspektive ändert, sieht die Dinge in einem ganz anderen Licht.«

Ihre
Viola Hahn
Oberbürgermeisterin der Stadt Gera

Richtung Greizer Straße innen liegend

Hinter der Mauer

Sorge

Der Charakter der **Innenstadt** ist durch die vielen Gassen geprägt. Die Sorge, Hinter der Mauer und der Markt laufen parallel von unten nach leicht rechts oben. Am linken oberen Bildrand ist die evangelische Salvatorkirche auf dem Nicolaiberg zu sehen. Früh morgens fallen lange Schatten in die engen Gassen der Innenstadt.

Beständige Erneuerung

Manchmal ist es $\frac{W}{T}$ichtig, dem eigenen GedankenGebäude mit Abstand zu begegnen, die $\frac{Sicht}{Denk}$weise zu variieren, einen neuen, ungewöhnlichen Standpunkt zu suchen und das vermeintlich Bekannte mit Abstand neu zu betrachten.

Aktuelle Luftaufnahmen, fotografiert mit einer Drohne, oftmals am Computer zu einem einzelnen Bild zusammengesetzt, sollen Ihnen dabei helfen, Gera mit anderen Augen zu sehen.
Durch den Standortwechsel der Kamera nehmen wir Sie mit auf einen Spaziergang über die Dächer der Stadt. Bei Höhen von einem bis einhundert Meter verlassen wir den gewohnten Blickwinkel.

Im ersten AugenBlick sind Sie vielleicht verwirrt, und nicht jeder erkennt diese Stadt sofort wieder. Es handelt sich aber bei jedem Bild um Ihr geschätztes, in Erneuerung befindliches Gera. So erkennt man bei genauem Hinschauen die markanten Objekte der Stadt: Plätze, Kirchen, Museen und Theater. Sie prägen das Stadtbild, bestimmen die Lebensqualität und machen Geschichte erfahrbar. Viele von ihnen sind Stellvertreter einer bestimmten Epoche, deren Erhaltung sich die Stadt und unzählige, von Firmen und Privatpersonen finanzierte Stiftungen verschrieben haben. Gleichzeitig sind diese Gebäude immer wieder in einem Wettstreit mit neueren Formen und Denkmustern begriffen.
Mit dem Demografischen Wandel ist zur Zeit ein starkes Schrumpfen eines der größten Probleme – neben dem öffentlichen Geldmangel. Seit den Tagen von Otto Dix hat sich die Einwohnerzahl von ca. 105.000 auf nunmehr etwa 95.000 verringert. Damit ist auch Gera gefragt, den städtebaulichen Spagat zwischen Erneuern und Bewahren zu meistern.

Martin Raffelt (Autor)
Jörg-Uwe Jahn (Fotograf)

Jörg-Uwe Jahn (Fotograf, Autor)
www.allround-pictures.com

Steffen Wegner (Modell-Pilot)
flugschule-wegner@web.de

Martin Raffelt (Autor)
www.raffelt.de

»Wie alles kam«

»Herr Raffelt, wie und wann hat alles angefangen, ein Stadtporträt aus der Luft als Bildband herauszubringen?«

MR. »Im Frühjahr 2012 kam Herr Jahn in mein Architekturbüro, das in der Innenstadt von Pößneck liegt. Da wir uns flüchtig kannten und er gerne erfrischend direkt ist, fragte er mich unumwunden, ob ich mit ihm einen Bildband über Pößneck machen wolle. Er hatte eine Drohne und diese geniale Idee.«

»Herr Jahn, wie war die Reaktion?«

UJ. »Herr Raffelt überlegte zwei, drei Sekunden und sagte dann begeistert – ja. Er hatte dann gleich Ideen zum Buch, die mit meinen fast deckungsgleich waren.«

MR. »Ja, ein Bildband aus der Luft, das müsste ganz neue, ungekannte Stadtansichten hervorzaubern. Man könnte guten Städtebau zeigen und Bausünden. Das gefiel mir sehr.«

UJ. »Mit den ersten Aufnahmen experimentierte ich. Da die Drohne bei Windstille in der Luft stehen konnte, habe ich die Kamera um die vertikale und die horizontale Achse gedreht. Zu Hause hat der Rechner dann benachbarte Bilder, die eine ausreichende Überlappung von 20% hatten, zusammengesetzt.«

MR. »Die vertikalen und horizontalen Panoramen haben mich als Architekten begeistert. Herr Jahn hat durch seine kreative Methode neuartige Bilder geschaffen. Die vertikalen Panoramen zeigen von der Draufsicht über die Vogelperspektive bis hin zum Horizont ein Bild, das kein menschliches Auge so sehen und keine Kamera so verzerrungsfrei als Einzelbild fotografieren kann. Diese Bilder sollten einen Fachbegriff erhalten, der das zum Ausdruck bringt.«

UJ. »Etwas später dann, nachdem wir überlegt hatten, wie unser Buch in die Regale der Buchhandlungen kommen würde, hatte Herr Raffelt die Idee, einen Verlag zu gründen. »Perspektivwechsel Gera« ist unser drittes Buch, »Perspektivwechsel Weimar« unser zweites.«

MR. »Unser erstes, »Perspektivwechsel Pößneck«, war für uns überraschend erfolgreich. Alle Bücher zeigen, wie grün unsere Städte sind. Und wir wollen weitere Städte in Thüringen porträtieren …«

Über der Weißen Elster fliegend sehen wir den **Biermannplatz** im Vordergrund, rechts die Kunstsammlung Gera, die Orangerie mit der Küchengartenallee und die Gutenbergstraße. Sogar das Theater kann der aufmerksame Beobachter entdecken.

Geleitwort der Ostthüringer Zeitung

Manchmal hilft ein wenig Distanz.

Genau 25 Jahre wird es zum Ende des Jahres 2014 her sein, dass sich überraschend die scharf bewachten Grenzen der DDR öffneten, Mauer und eiserner Vorhang fielen. Im sich anschließenden Vierteljahrhundert hat sich viel getan, ist viel bewegt worden; auch oder gerade in Gera. Das war und ist in Zukunft weiter notwendig, denn die Stadt hat viel von ihrer einstigen Größe und vermeintlichen Macht einbüßen müssen.

Größe allein sagt aber noch nichts über die Lebensqualität in einer Kommune aus. Gerade in Thüringen, selbst als Freistaat nicht sonderlich dicht besiedelt, kann Beschaulichkeit Programm sein. In diesem Sinne ist Gera einerseits Großstadt geblieben, andererseits aber kein hektischer Moloch, wie man es von manchen Metropolen in Deutschland kennt. Als Bewohner Geras bekommt man dennoch mehr geboten als in anderen Städten. Das macht das Wohnen hier lohnend. Manchmal hilft ja ein wenig Abstand zur Sache, die wahre Schönheit zu erkennen. So unterstützen die Aufnahmen dieses Buches, die gewissermaßen mit fliegender Kamera entstanden sind, einen neuen und zugleich distanzierten Blick auf die Stadt – eine Stadt im Grünen, wie man erkennen kann. Weitläufig, entspannt, vielfältig.

Das passt sehr gut zur Zeitung am Ort, der Ostthüringer Zeitung, die gerade erst mit ihrer Zentralredaktion in das Oberzentrum zurückgekehrt ist. Es war der OTZ, wie das Blatt in der Bevölkerung nur kurz genannt wird, deshalb ein wichtiges Anliegen, die Herausgabe dieses Buches zu unterstützen. Viel Freude daran!

Ihr
Jörg Riebartsch
Chefredakteur

Sorge

Jubiläumsmünzen
Städtische Gedenkmünzen in Gold und Silber zum Jubiläum 777 JAHRE STADTRECHT

Heinrichstraße Reichsstraße

Diese Ansicht aus ca. 100 m Entfernung fängt den **Marktplatz** von Nordwesten her ein. Zwischen Elsterforum und Salvatorkirche liegt die gesamte Altstadt. Das im Renaissancestil erbaute Geraer Rathaus mit seinem weißen Turm ist für Besucher jedes Mal ein lohnendes Ziel.

Aus nordwestlicher Richtung ist hier eine der **Bühnen der Stadt Gera** zu sehen. Über dem prächtigen Eingang des »Großen Hauses« thront ein Genius, der hier allegorisch die Wahrheit vertritt. Das Gebäude öffnet sich mit dem Theaterplatz in Richtung Innenstadt und wird nach Westen

Küchengartenallee

durch den Küchengarten mit seiner anmutigen Orangerie ergänzt. Dem eindrucksvollen Ensemble schließt sich die am Bildrand noch erkennbare Bühne am Park (kurz: BaP) an.

Salvatorkirche – Johanniskirche – Hauptbahnhof

Gesamtansicht Gera

Hofwiesenpark

Der **Markt** hat eine fast quadratische Grundform und besticht durch den markanten Turm des Rathauses. Der Platz ist von allen vier Seiten zu erreichen und – damals wie heute – von einer lückenlosen Bebauung umschlossen. Der Blick führt hier von Süden in Richtung Norden und zeigt das Rathaus in der Rückansicht.

Die **TPT Theater und Philharmonie Thüringen GmbH** befindet sich am westlichen Stadtrand. Der eindrucksvolle Solitär ist umgeben von Grün. Im Hintergrund ist die Orangerie mit angeschlossenem Küchengarten zu sehen.

Diese Gegenüberstellung beinhaltet eine Zeitspanne von ca. 40 Jahren. Hinter dem Rathaus ragen die ersten Plattenbauten aus der DDR-Zeit empor, während man im unteren Bild die Neuzeit-typische Kaufhausgestaltung – mit lichtdurchflutetem Atrium – in Form des Elsterforums ausmachen kann.

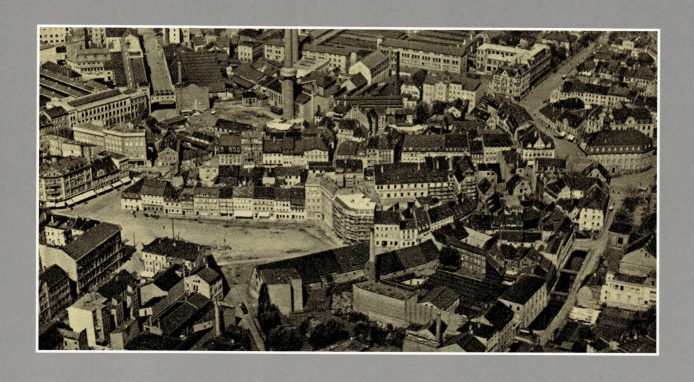

Vergleicht man den **historischen Roßplatz** mit den heutigen Straßenzügen, kann man nur einen geringen Bestand alter Häuser ausfindig machen. Alle anderen Gebäude sind zu DDR-Zeiten oder gar erst – wie die Gera Arcaden – in den letzten 25 Jahren entstanden.

Auf der historischen Aufnahme befindet sich das Kultur- und Kongresszentrum »KuK« noch im Bau. Die Blockstrukturen der Umgebung sind noch gut sichtbar und da, wo einst das Interhotel und die »Zitronenpresse« angesiedelt waren, stehen nun die Gera Arcaden.

Schloss Osterstein wurde auf dem Areal einer jungbronzezeitlichen Burgwallanlage, deren Reste noch heute sichtbar sind, errichtet. Gleichwohl es auf drei Seiten von dichten Wäldern umschlossen wird, gewährt es, auf dem Hainberg thronend, einen phantastischen Blick auf den nahe gelegenen Hofwiesenpark. Der romanische Bergfried mit 3,70 Meter starken Mauern (mind. 12. Jahrhundert) ist heute das älteste Bauwerk der Stadt Gera.

Wir fliegen über den **Gera Arcaden** und blicken in Richtung Nordosten die Sorge entlang. Die Abendsonne taucht die Fassaden der Häuser in ein warmes und weiches Licht, hinter ihnen fallen lange Schatten. Am rechten Bildrand sind das Stadtmuseum, das Elsterforum und das »KuK« mit angegliedertem Parkhaus und der Bibliothek zu sehen. Diese Gebäude bilden eine städtebauliche Raumkante um den größten Platz von Gera.

Wir befinden uns über dem südlich gelegenen **Statdtteil Lusan**. Die neue Aufnahme zeigt den Sportplatz aus der entgegengesetzten Richtung. Es sind die typischen Blockstrukturen des am stärksten bevölkerten Teils Geras wiederzufinden.

↑ Richtung Ernst-Weber-Straße

Ernst-Toller-Straße

↑ Richtung Clara-Zetkin-Straße

Links geht die De-Smit-Straße in die Ernst-Toller-Straße über. Einen Blickfang im gesamten Panorama gibt die im neogotischen Stil gehaltene, rote Backsteinkirche St. Johannis ab. Sie wurde überwiegend mithilfe von Spenden der Bevölkerung erbaut und 1885 geweiht. Im Herbst 1989 war sie das Zentrum der Donnerstagsdemonstrationen. Die Schloßstraße ist weitgehend verdeckt und der Blick führt von der Mitte des Bildes auf den

Gustav-Hennig-Platz, an dem auch das Puppentheater angesiedelt ist. Anschließend folgt die Rudolf-Diener-Straße mit dem Verwaltungs- und Arbeitsgericht Gera.

Richtung Reichsstraße ↗   ↑ Richtung Museumsplatz   Breitscheidstraße

Links ist der mit adrett gerasterten Topfpflanzen bestückte Vorplatz des »KuK« zu sehen. Es folgt das Stadtmuseum unweit der Altstadt. Als Solitär dominiert es den Museumsplatz, wodurch seine Rolle, Träger der Stadtgeschichte zu sein, besonders hervorgehoben wird. Mit einer ökologischen Dachbegrünung versehen, schließen sich rechts die Gera Arcaden mit 32.000 m² Verkaufsfläche für 90 Geschäfte an. Im Hintergrund ist die

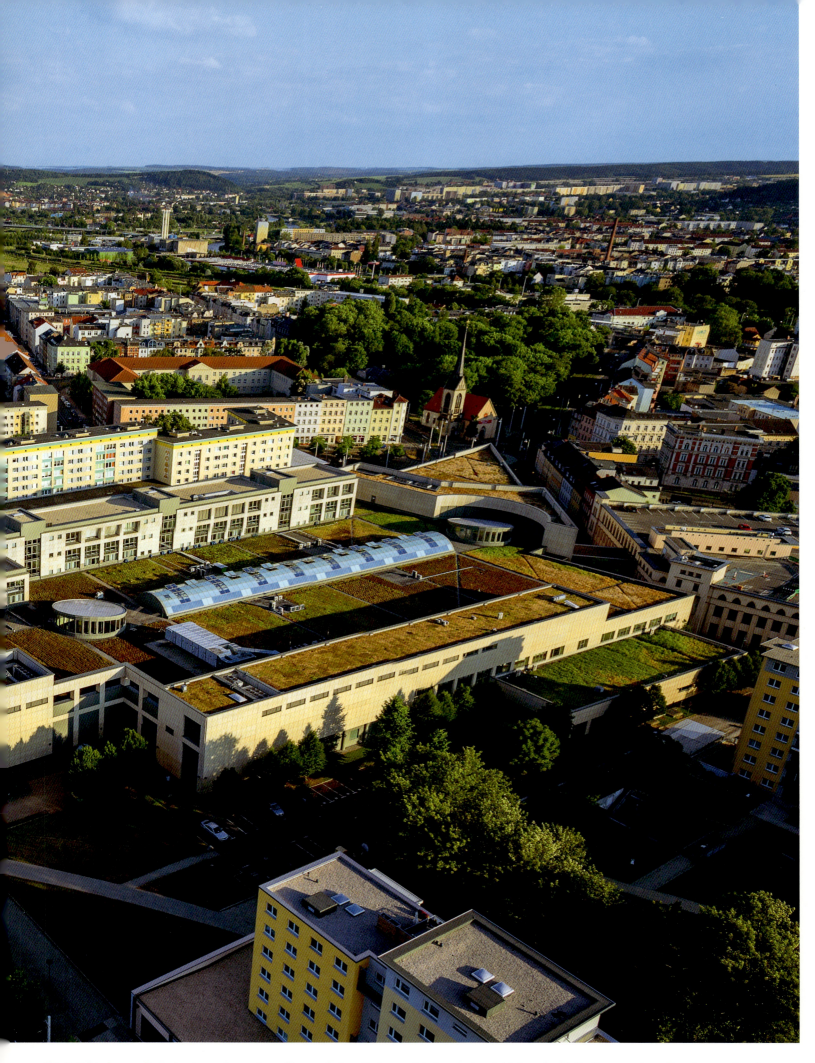

Trinitatiskirche am Park der Jugend zu sehen. Sie wurde bereits im 14. Jahrhundert errichtet und erhielt 1609–11 einen Erweiterungsbau im Stil der Renaissance. An der westlichen Außenwand befindet sich ein Epitaph zu Ehren des langjährigen Textilfabrikanten Nicolaus de Smit, der 1595 aus den Niederlanden nach Gera kam und die Manufaktur einführte. Ihm ist es zu verdanken, dass die für Gera so wichtige Textilindustrie zur Entfaltung kam und sich die Zeugmacherinnung im Jahr 1609 bildete.

Bahnhofstraße

Über die ganze Breite des Bildes erstreckt sich der aus Südosten fotografierte **Hauptbahnhof**. Der Vorplatz bietet mit seinem gläsern überdachten Busterminal viel Platz für Fern- und Nahverkehrsfahrzeuge und PKWs. Hinter dem parallel zu den Gleisen verlaufenden Grünstreifen sieht man das ockerleuchtende Theaterhaus, das an der Küchengartenallee liegt.

Wir schauen von der Weißen Elster aus in Richtung Nordost: Zu sehen ist das begrünte Dach der **Gera Arcaden** mit seinem Band aus Oberlichtern. Im Hintergrund bilden das Stadtmuseum sowie das Kultur- und Kongresszentrum markante Bildpunkte.

Hauptbahnhof

Salvatorkirche – Rathaus – Johanniskirche

Hebbelstraße

Laasener Straße

Das Mehrfamilienhaus an der Kreuzung Straße des Bergmanns | Laasener Straße zeigt eine neue städtebauliche Ecklösung auf. Es gehört zu den

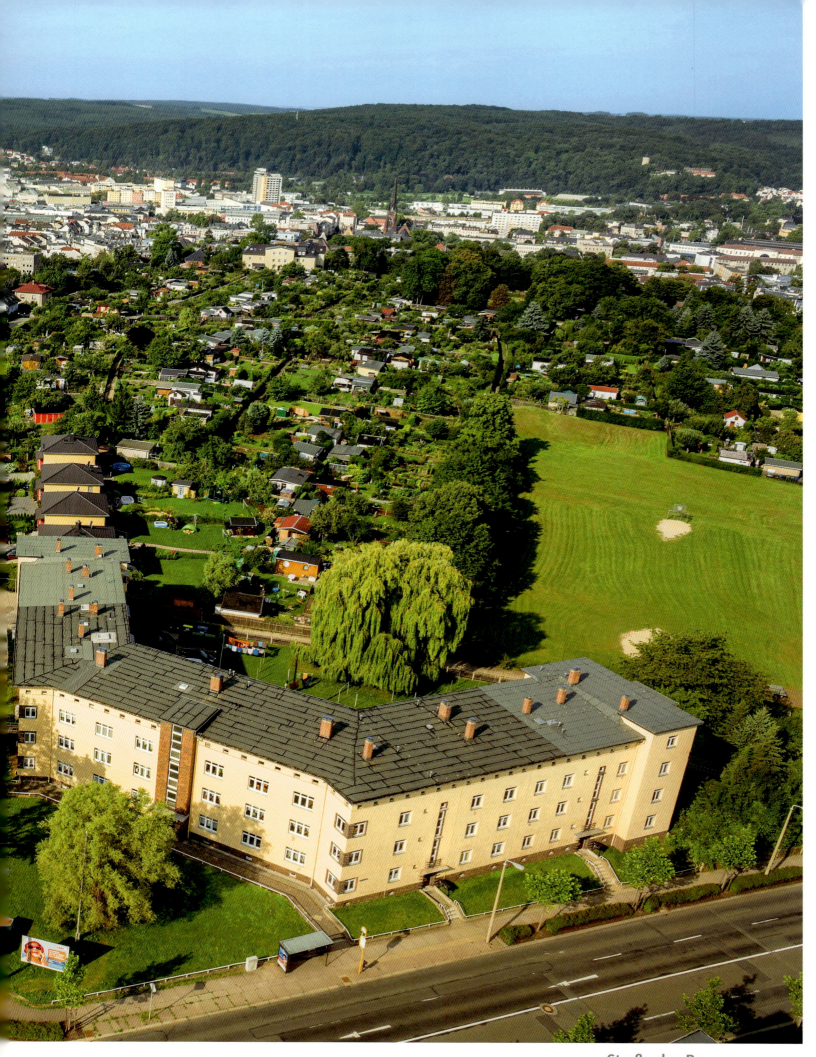

Straße des Bergmanns

Objekten der **Wohnungsbaugenossenschaft Glück Auf Gera eG**.

Clara-Zetkin-Straße

An der Kurt-Keicher-Straße verdichtet sich der Wohnungsbau der Stadt. Die Balkone gehen nach Westen aus, sodass man die Abendsonne genießen kann. Links im Bild erkennt man einen kompakten roten Backsteinbau, der einen Teil des Zabel-Gymnasiums beherbergt. In dem gelben

Laasener Straße

Klinkergebäude rechts befindet sich die Bergschule, welche als Grundschule genutzt wird. Weiter hinten erblickt man eine Ansiedlung von Schrebergärten an der Laasener Straße.

Sorge

Rudolf-Diener-Straße

Leipziger Straße

Steinweg Hinter der Mauer

oben: Wir fliegen über der Uhlandstraße und blicken in Richtung Süden zum Marktplatz. Im Vordergrund sind die Laasener, die Uhland- und die Leipziger Straße zu sehen. Der fast quadratische Blockcharakter der hochverdichteten Wohnbebauung ist gut ablesbar. Einzelne Stadtbäume sind straßenbegleitend oder in Innenhöfen zu finden.

unten: Wir nehmen die gleiche Blickrichtung wie beim oberen Bild ein, fotografieren aber aus geringerer Höhe. Vor der Salvatorkirche steht das Schreibersche Haus, eines der ältesten Häuser der Innenstadt. Es beherbergt das Museum für Naturkunde (Nicolaiberg 3), das noch in einem zweiten Gebäude links von der Kirche untergebracht ist. Rechts in der Mitte sieht man den Rathausturm.

Lessingstraße

oben: Drei- und viergeschossige Häuser – auch aus der Gründerzeit – prägen die dicht bebaute Innenstadt Geras. Wir schauen von Norden nach Süden und fliegen zwischen Gagarin- und Lessingstraße.

unten: Zwischen Bauvereinstraße und Zschochernstraße befindet sich ein großer Innenhof mit Parkplatz und Grünflächen. Die Bauvereinstraße verfügt noch über einen alten Baumbestand, der vor und hinter der Altenburger Straße zu sehen ist.

Sorge · Zabelstraße · Friedrich-Engels-Straße · Berliner Straße

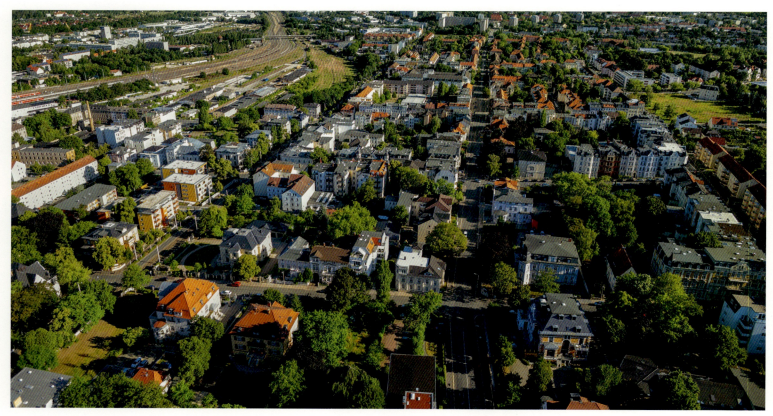

Gagarinstraße

oben: Östlich des Hauptbahnhofs liegen einige nahezu quadratische Wohnquartiere. Hier fliegen wir über der Kreuzung Zabelstraße | Friedrich-Engels-Straße, wo die Berliner Straße aus dem rechten Bildrand heraus leicht nach links ansteigt.
unten: Im Bild erkennen wir viele Villen und Mehrfamilienhäuser, die einen Altbestand aus besseren Zeiten darstellen. Daneben stehen Neubauten mit einer weniger opulenten, eher sparsamen Ausstattung. Dieses Wohngebiet im Osten des Hauptbahnhofs ist vorbildlich durchgrünt.

Westlich der Kreuzung Goethestraße und Berliner Straße, also im Herzen Geras, sind gut zu erkennen: mittig die Villa Eichenberg (1887) und rechts die Villa Feistkorn II (1913) – beide vom Architekten Fritz Köberlein – als Zeugnis der Gründerzeitarchitektur mit reich dekorierten Fassaden. Am unteren Bildrand sehen wir die Zentrale der **Wohnungsbaugenossenschaft Glück Auf Gera eG**, deren wunderschöne Wohnanlagen (2013) den linken Bildteil füllen.

Berliner Straße

Die in warmen Farbtönen von Orange und sandigem Gelb gehaltene Wohnanlage, die zwischen 2013 und 2014 fertiggestellt wurde, sollte ihrer

ansprechenden Gestaltung wegen weitere Nachahmer finden.

Grüner Weg

Tinzer Straße

Der **Seniorenwohnpark »Zur alten Schule«** (Grüner Weg 65) wurde 2008 im Stadtteil Tinz eingeweiht. Für ca. 6 Millionen Euro funktionierte die WBG Aufbau Gera eG eine Plattenbauschule der DDR um und erneuerte sie in einem Jahr Bauzeit modernen Ansprüchen entsprechend.

De-Smit-Straße   Richtung Reichsstraße ↑

Im Vordergrund befindet sich der Wohnkomplex »Sonnenhof« der **Geraer Wohnungsbaugesellschaft mbH** (GWB Elstertal). Die zentrale Lage direkt hinter den Gera Arcaden ermöglicht kurze Wege und guten Anschluss an das öffentliche Verkehrssystem.

Küchengartenallee

Parkstraße

Zwischen Park- und Ebelingstraße befindet sich die neue **Vitalresidenz in der Villa Voß** (1873 vom Architekten F. Luthmer erbaut), deren Modernisierung 2014 abgeschlossen wurde: Ein weißer Anbau schmiegt sich harmonisch an die historische Villa aus gelbem Backstein an. Der Neubau steigt stufig an und kann so diverse Dachterrassen und Balkone aufnehmen. Das ursprüngliche Gebäude selbst war der erste klassische

Villenbau Geras und setzte den Maßstab für viele nachfolgende Domizile. Oben rechts sieht man die Bahnhofstraße, mittig oberhalb der Villa den imposanten Eingang des Theaters (1902 eröffnet) mit der goldenen »Göttin der Wahrheit«, die ihren Spiegel den Menschen vorhält.

Elsterdamm

Stadion der Freundschaft – Veolia-Bühne – Heinrichsgrün

Untermhaus

Thüringer Straße　　　Carl-Zeiss-Straße

Hier sehen wir **Bieblach** am Galgenberg, frühmorgens in der Julisonne. Zwischen Thüringer Straße und Carl-Zeiss-Straße liegt die schöne Siedlung der Geraer Wohnungsbaugesellschaft mbH (GWB Elstertal), die einen gelungenen Beitrag zur Wohnsituation in Gera leistet: Durch gezielten Um- und Rückbau auf der einen und neue Gebäude auf der anderen Seite wurden hier kleinteilige Strukturen geschaffen, die den Blöcken der Wohnungsbauserie 70 die Stirn bieten.

Die **Siedlung »Heimatscholle«** zwischen Roschütz, Bieblach und Tinz liegt östlich der Thüringer Straße, die von einer Straßenbahnlinie begleitet wird. Wir blicken von Südost nach Nordwest.

Die **SRH Wald-Klinikum Gera GmbH** liegt an der Straße des Friedens, am Rande des Waldes, und formuliert mit ihren neuen Gebäudeteilen (23.03.2013) eine anspruchsvolle städtebauliche Geste. Im Jahr werden hier bis zu 95.000 Patienten ambulant und stationär behandelt. Die Grundsteinlegung für das ursprüngliche Waldkrankenhaus fand schon 1913 statt, mittlerweile trägt es den Titel Kulturkrankenhaus.

Das Konzept der Einrichtung strebt nicht nur die physische Gesundung des Menschen an, sondern zielt auch auf eine die Behandlung begleitende Heilung der Seele.

Gigantisch erhebt sich das Gewächshaus der **Lebenshilfe e. V. AGA** mit seiner ausgeklügelten Technologie zur Bewirtschaftung: vorn links die

Biogasanlage, hinten rechts das Regenwassersammelbecken zur Bewässerung der Pflanzen.

Das **Druckhaus Gera** gilt in Thüringen als eines der modernsten seiner Art. Hier wurde Ihr Gera-Buch gedruckt, gebunden und verpackt. Unten links ist das Auto des Fotografen Herrn Jahn zu sehen.

Die **DMS (Daten Management Service) GmbH** ist Unternehmen und Dienstleister im Energie-Sektor. Ihre Referenzen reichen von den Stadtwerken bis zu überregionalen und internationalen Konzernen, die alle von den Kompetenzen hochpräziser Massendatenverarbeitung profitieren.

Das **Möbelhaus RIEGER** wurde 1998 in Gera eröffnet und liegt direkt an der A4, Ausfahrt Gera-Langenberg. Auf 32.500 Quadratmetern findet

man im Einrichtungshaus RIEGER Alles rund ums Wohnen.

Wir schauen von Westen auf den Rand des Hofwiesenparkes: In Vorbereitung der Bundesgartenschau 2006 | 2007 wurden die beiden **»Prinzenhäuser des Fürstenhauses Reuß«** (1915) – in Abstimmung mit den Eigentümern – von der GWB Elstertal saniert. Rechts davor sieht man den »Electrabel-Pavillon« – das Sieger-Projekt des thüringischen Künstlers Thomas Knoth und seines chinesischen Kollegen Lap Yip im

Wettbewerb »Kunst und Licht im Hofwiesenpark«. Die Pavillonskulptur besteht aus 3 Ebenen, die die Verschiedenheit der Wahrnehmung – abhängig vom Blickwinkel – offenbar machen und in der Abendbeleuchtung ganz besondere Akzente setzen. Im Hintergrund entfaltet sich eindrucksvoll die 777 Jahre alte Stadt Gera.

Das **Stadion der Freundschaft** vor der Weißen Elster ist die Spielstätte der ersten Männermannschaft des 1. FC Gera 03. Die Arena ist in den schönen, weitläufigen Hofwiesenpark eingebunden, der allerdings nicht nur ein Ort des Sports ist. In unmittelbarer Nähe zum Stadion liegt ein weiterer Landschaftsbau, der seinen Reiz als Veranstaltungsoval von der Kulisse eines großen Irisgartens und einer 3 Meter hohen Hainbuchenhecke

bezieht und mit seinem Amphitheater Platz für über 1000 Menschen bietet. Ohne Bestuhlung haben auf dem Rasengelände vor der überdachten Veolia-Bühne sogar 5.000 Personen Platz – Open Air in schönster Umgebung.

Das **Hofwiesenbad** (2001 nach Sanierung wiedereröffnet) ist – gleich den anderen »Aktionsinseln« im Hofwiesenpark – dynamisch in eine ovale Heckenbepflanzung integriert. Als eines der modernsten und größten Hallenschwimmbäder Thüringens wartet es mit reizvollen Angeboten für Jung und Alt auf: Kinder- und 50-Meter-Schwimmbecken, Sprunganlagen, Röhrenrutsche, eine vielseitige Saunalandschaft und ein attraktiver

Freizeitbereich ziehen auch die Bewohner anderer Bundesländer an. Die Geraer selbst schätzen ihr Hofwiesenbad nicht zuletzt deshalb, weil es die perfekte Trainings- und Wettkampfstätte für Vereine auf nationaler und internationaler Ebene abgibt.

Die **Panndorfhalle** ist Austragungsort vieler Lokalsportarten, überregionaler Wettkämpfe und deutscher Meisterschaften. Mit ihrer modernen Einrichtung reagiert sie auf die Bedürfnisse verschiedenster Sportarten und avanciert so zum Multitalent. Ihren Ruf als eine der schönsten

4-Felder-Hallen Thüringens verdankt sie dem begeisterten Urteil von Zuschauern und Sportlern gleichermaßen. Unweit des Stadtzentrums auf dem Gelände des Hofwiesenparks befindlich, ergänzt sie dessen reichhaltiges Sportangebot.

Neue Straße

Berliner Straße

oben: Neben den weitläufigen Grünflächen des **Hofwiesenparkes** und den reich mit Bäumen gesegneten Hügeln des Geraer Stadtwaldes ist hier die ehemalige Geschäftsstelle der Landeszentralbank abgebildet. Das Gebäude wurde nach einem Entwurf des bekannten Architekten David Chipperfield gebaut. Heute beherbergt der geräumige Bau die private Fachhochschule für Gesundheit. Dahinter liegen die »Prinzenhäuser«, die 1915 errichtet und in den Jahren 2006 und 2007 für die Bundesgartenschau rekonstruiert worden sind.

unten: Am westlichen Rand von Gera, zwischen Innenstadt und dem Stadtteil Untermhaus, liegt der **Hofwiesenpark**. Benannt wurde er nach seiner Lage am Berg mit dem ehemaligen Schloss Osterstein. Im Hintergrund ist die Veolia-Bühne zu sehen.

↑ Richtung Sommerbad　　　　　Weiße Elster　　　　　Tschaikowskistraße

Tschaikowskistraße

oben: Das Zentrum der Stadt Gera liegt am Grüngürtel der **Weißen Elster**. Wie man sieht, wurden hier verschiedenste Brücken gebaut, um die Ufer miteinander zu verbinden. Der Hofwiesenpark als Kultur- und Freizeitzentrum ist der beste Beweis dafür, wie abwechslungsreich das Stadtleben am Fluss sein kann. Das Potential dieses Gebietes wurde von den Bebauern voll ausgeschöpft, die den Einwohnern eine Oase am Rande der Stadt geschaffen haben.
unten: Hier sehen wir die Siedlung **Heinrichsgrün** mit ihren Musikerstraßen, die nach Tschaikowski, Liszt und Mozart benannt wurden. Links neben der Weißen Elster liegt der Hofwiesenpark.

Die ausgedehnten Gleisanlagen mit dem halbrunden Lokschuppen bestimmen den Anblick vor dem Wohngebiet an der Berliner Straße. Vor dem

Hauptbahnhof wartet ein Nahverkehrszug auf seinen Einsatz. Ganz links ist der Stadtteil Untermhaus zu erkennen.

Südstraße

Elsterdamm

Keplerstraße

Vogtlandstraße

oben: Der neue Stadtring Süd-Ost führt mit einer Brücke über die Weiße Elster. Vorn ist der Elsterdamm zu sehen, rechts der Ortsteil Debschwitz mit dem Südfriedhof zwischen den Bäumen. Wir schauen von Norden nach Süden.

unten: Nun haben wir die Blickrichtung geändert und fotografieren von Süden nach Norden. Von links nach rechts schaut man auf die Vogtlandstraße, die Weiße Elster und dann auf eine verlassene Industriebrache an der Ruckdeschelstraße. Die Bäume in der Abendsonne werfen lange Schatten über Straße und Fluss.

Gebrüder-Häußler-Straße

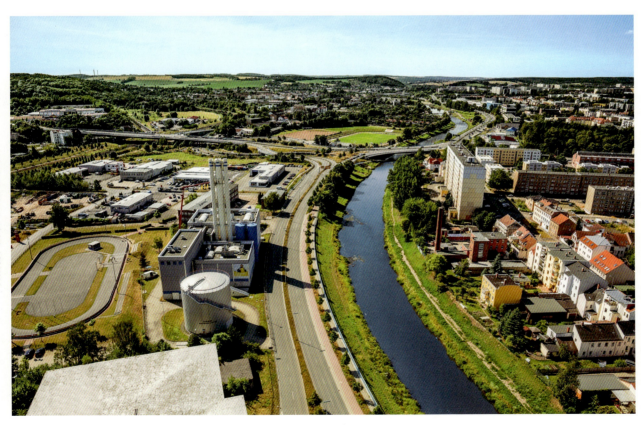

Hinter dem Südbahnhof

Elsterdamm

oben: Im Vordergrund bestimmen die Gebrüder-Häußler-Straße und die Panndorfhalle an der Neuen Straße die Bildwirkung. Carglass ist durch seine rote Außenwerbung unverkennbar. Im Hintergrund erblicken wir die als Flachbau ausgeführte Landeszentralbank von Chipperfield.
unten: Zwischen der Bahnlinie und der eingedämmten Weißen Elster liegen einige Industriebetriebe und Sportanlagen. Wir schauen von Norden nach Süden.

Nürnberger Straße   Schleizer Straße

← Lusaner Straße (Seite 86)

Zeulenrodaer Straße

Zeulsdorfer Straße

links: Lusan hat drei Zentren: Lusan-Brüte, Lusan-Laune und Lusan-Zentrum. Der Kontrast von Doppelhäusern, Garagenhöfen und Mehrgeschossern wird hier besonders deutlich. Wir blicken nach Osten, in Richtung Gera.
oben: Eine Straßenbahnhaltestelle vor der Kaufland-Filiale unterstreicht die wirtschaftliche Bedeutung des Einkaufszentrums an der Nürnberger Straße. Wenige Meter entfernt – auf der anderen Seite der Schleizer Straße – verläuft parallel ein Elfgeschosser der **WBG Glück Auf Gera eG**.
unten: In **Lusan** werden die Plattenbauten durch partiellen Rückbau in den Obergeschossen, neue farbliche Gestaltung, Dachterrassen und begrünte Innenhöfe wieder attraktiv gemacht. 1984 hatte der Stadtteil 34.000 Einwohner, 1985 sogar 45.000. Dieser Zuwachs wurde allerdings von einem rückläufigen Trend abgelöst, sodass es 2012 nur noch 23.000 Menschen waren, die hier wohnten und lebten.

Zoitzbergstraße

↑ Steinbeckstraße   Baumschulenweg

links: Die Feuerwehr von **Lusan** gelangt sowohl über die Zoitzberg- als auch die Vogtlandstraße schnell zum jeweiligen Einsatzort. Dahinter liegt die große Straßenbahngarage des Städtischen Verkehrsbetriebes – der Betriebshof. An der Süd- und an der Ostseite des Gebäudes sind insgesamt rund 750 m² Solarwände angebracht, die indirekt Warmluft zum Heizen der Werkstätten bereitstellen und zur Trocknung lackierter Fahrzeuge dienen.
rechts: In **Gera Langenberg**, im Nordosten von Gera hinter der Autobahn gelegen, treffen dörfliche Strukturen und der Gigantismus der 70er- und 80er-Jahre aufeinander und verbinden sich zu einer eigenwilligen Mischung. Die effektive Zeitspanne ist in den für ihre Zeit charakteristischen Bauten unmittelbar abzulesen: Schrebergärten aus dem 19. Jahrhundert reihen sich an Einfamilienhäuser und großindustrielle Wohnfabriken des 20. Jahrhunderts.

An der **A4**, der größten Zubringerstraße Geras, liegt ein weitläufiges Industriegebiet. Der erste Eindruck vieler Besucher wird fälschlicherweise durch diesen Anblick geprägt. Dass das Stadtbild Geras nicht von industriellen Bauten beherrscht wird, beweisen schon die Wiesen und Felder in

Richtung Südwesten, aber auch die reiche Begrünung im Stadtinneren. In der Ferne kann man Thieschitz und Milbitz sehen, während man Rubitz nur noch erahnt.

Werner-Sylten-Straße

Wir porträtieren die Dahlien-Hochburg **Bad Köstritz** aus südlicher Richtung. Die Heinrich-Schütz-Straße verläuft von West nach Ost – in Haus Nummer 1, seinem Geburtshaus, ist die Forschungs- und Gedenkstätte Heinrich Schütz ansässig, die sich Werk und Wirken des Komponisten (1585-1672)

Bahnhofstraße

verschrieben hat In der Mitte des Bildes befindet sich die Köstritzer Schwarzbierbrauerei, eine der ältesten Brauereien Deutschlands (1543).

Etwas versteckt im Industriegebiet – und doch namensgerecht – hat die **Industrie- und Handelskammer Ostthüringen** (Gaswerkstraße 23) ihren Sitz. Hier werden Unternehmen beraten sowie Aus- und Weiterbildungen angeboten.

Die **Berufsakademie Gera** ist einer der Standorte der Berufsakademie Thüringen, der ein Duales Studium in den Richtungen Sozialwesen, Technik und Wirtschaft anbietet. Der Sitz am Tinzer Schloss (rechts im Bild) befindet sich im Norden Geras und wurde 2004 bezogen.

Auf der einen Seite der Straße entdecken wir einen Verbund von Schrebergärten mit vielen Lauben, Beeten, Bäumen, Teichen, Wegen und Terrassen.

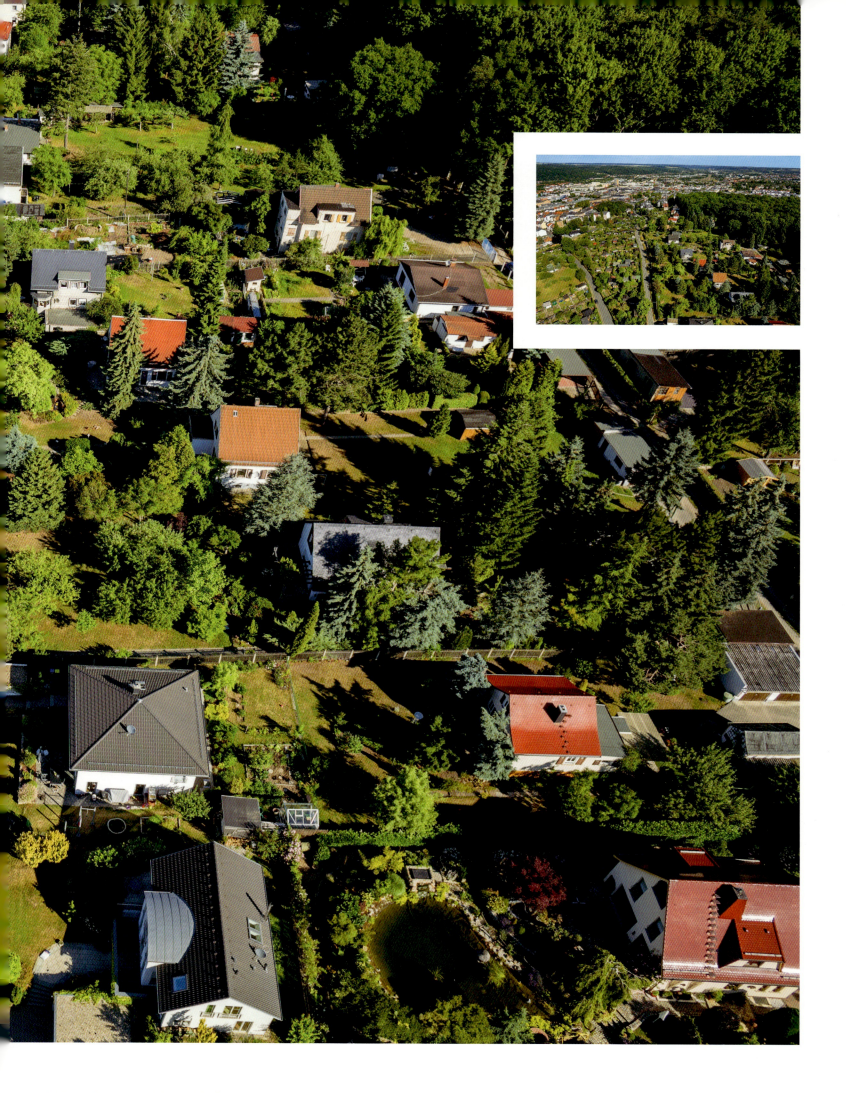

Größere Einfamilienhäuser inkl. Garten und Swimmingpool kontrastieren auf der anderen Seite mit ihrer freistehenden Bauweise den Eindruck der Kleinteiligkeit.

Küchengartenallee

Orangerie
Die Kunstsammlung Gera (Orangerieplatz 1) befindet sich in einem barocken Gebäude, dessen Gartenachse durch die Allee nach Westen weitergeführt wird. Die Kombination aus malerischen und landschaftlichen Inspirationsquellen macht es möglich, dass Liebhaber von Kunst und Gartenbau hier gleichermaßen viel Anregung erfahren.

Untermhäuser Brücke

oben: Das Bild zeigt das »Spieloval« des **Hofwiesenparkes**. In dem phantasievoll gestalteten Areal gibt es zahlreiche Kletter- und Beschäftigungsmöglichkeiten. Der kleine Hügel bietet eine abwechslungsreiche Topographie und ist von einem begehbaren Tunnelsystem durchzogen. Im Hintergrund sieht man den Hainberg mit vorgelagertem Stadtteil Altuntermhaus. In seiner Mitte erkennt man die Kirche Sankt Marien und davor den nördlichen Eingang des 30 ha großen Parkareals, der mit einem speziellen Brückencafé ausgestattet ist.

unten: Außerhalb des Bildes schließt sich der hier zu sehende Hofwiesenpark an das links (S. 98) gezeigte Orangerieensemble an. Über der Parkanlage thront Schloss Osterstein, das zum Ortsteil Untermhaus gehört.

oben: (Foto: Tino Zippel, Gera 2013) Wassermassen überschwemmten im Frühjahr 2013 den ufernahen Hofwiesenpark. Der eigentliche Flussverlauf der **Weißen Elster** ist gerade noch an der Brücke im Stadtteil Untermhaus abzulesen.
unten: Wie zu sehen ist, konnten alle **Hochwasserschäden** bis zum Jahr 2014 beseitigt werden.
rechts: **Schloss Osterstein** auf dem Hainberg, oberhalb des Stadtteils Untermhaus, war die fürstliche Residenz derer von Reuß in der jüngeren Linie. Im Zweiten Weltkrieg ist das Schloss zerstört worden, woraufhin die baufällige Ruine 1962 gesprengt werden musste. Heute sind nur noch der Bergfried aus dem 12. Jahrhundert, der Schlosshof sowie das 1964 errichtete Terrassencafé erhalten. Hinter der Marienkirche liegt das Geburtshaus von Otto Dix.

oben: 360°-Panorama Marktplatz, unten: 360°-Panorama Museumsplatz mit Stadtmuseum

oben: 360°-Panorama Untermhäuser Brücke, unten: 360°-Panorama Küchengarten mit Orangerie

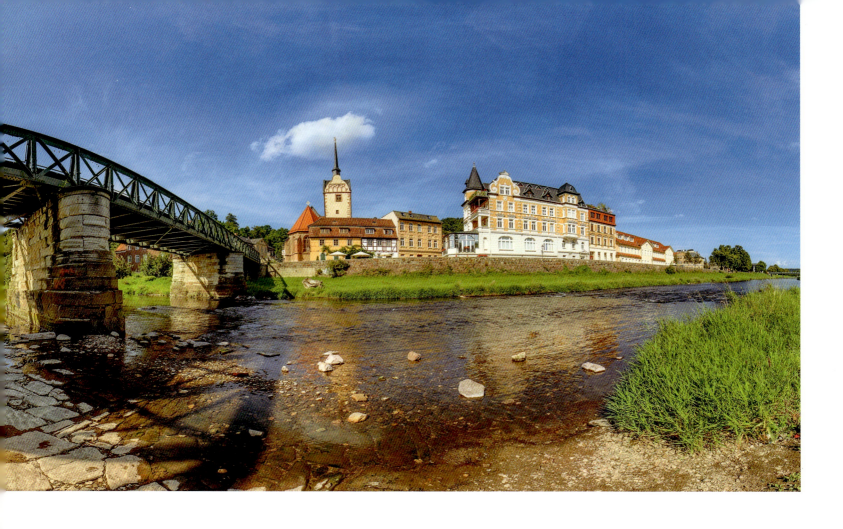

Straßenverzeichnis

	Straßenname	Seite
A	A4	90, 91
	Altenburger Straße	47
	Am Sommerbad	58, 59, 81
	Am Stadion	80, 85
	Amthorstraße	40, 41
	Arminiusstraße	84
B	Bachgasse	25
	Bahnhofstraße	34, 36, 37, 92, 93
	Baumschulenweg	89
	Bauvereinstraße	47
	Berliner Straße	2, 16, 17, 38, 39, 48, 49, 50, 51, 82, 83
	Bielitzstraße	40, 41
	Biermannplatz	27, 100
	Breitscheidstraße	25, 26, 28, 32, 33, 35, 53
	Burgstraße	24
C	Carl-Zeiss-Straße	62
	Clara-Zetkin-Straße	16, 17, 44, 45
D	De-Smit-Straße	28, 30, 31, 53
	Dr. Eckener Straße	30, 31
	Dr. Schomburg Straße	64, 65
	Dr. Semmelweis Weg	64, 65
E	Ebelingstraße	54, 55, 78, 79, 85
	Eichenstraße	29
	Elsterdamm	56, 57, 84, 85
	Ernst-Toller-Straße	30, 31
	Ernst-Weber-Straße	69
F	Franz-Liszt-Straße	81
	Franz-Mehring-Straße	36, 37
	Franzosenweg	90, 91
	Freiligrathstraße	6
	Friedrich-Engels-Straße	36, 37, 48, 50, 51
G	Gagarinstraße	16, 17, 48
	Gaswerkstraße	94
	Gebrüder-Häußler-Straße	58, 59, 78, 79, 85
	Georg-Büchner Straße	56, 57
	Gera Stadtwald	16, 17
	Goethestraße	40, 41, 48, 49
	Greizer Straße	8
	Gries	27, 100
	Große Kirchstraße	8, 24
	Grüner Weg	52
	Gustav-Hennig-Platz	30, 31
	Gutenbergstraße	11, 98
H	Hainberg	16, 17
	Heinrichstraße	12, 13, 25, 26, 32, 33, 35
	Hebbelstraße	42, 43
	Hinter dem Südbahnhof	85
	Hinter der Mauer	8, 24, 38, 39, 46
	Hofwiesenpark	72, 73, 74, 75, 76, 77, 80
	Humboldtstraße	38, 39, 46
I	—	—
J	Jacob-A.-Morand-Straße	68
	Johannisplatz	22
	Johannisstraße	6
K	Keplerstraße	84
	Küchengartenallee	11, 14, 15, 23, 27, 54, 55, 58, 59, 60, 61, 98, 100
	Kurt-Keicher-Straße	44, 45
L	Laasener Straße	16, 17, 44, 45
	Lausener Straße	47
	Leipziger Straße	8, 16, 17, 46, 47
	Lessingstraße	38, 39, 47

	Straßenname	Seite
	Lobensteiner Straße	86
	Lusaner Straße	86
M	Markt	6, 8, 12, 13, 22, 24, 30, 31
	Milbitz	90, 91
	Mozartstraße	81
	Museumsplatz	28, 32, 33, 35
N	Neue Straße	53, 58, 59, 80
	Nicolaiberg	38, 39
	Nordstraße	56, 57
	Nürnberger Straße	29, 87
O	Oststraße	56, 57
P	Parkstraße	54, 55, 78, 79, 85
	Pößnecker Straße	87
Q	—	—
R	Reichsstraße	6, 12, 13, 22, 25, 26, 32, 33, 69
	Robert-Fischer-Straße	82, 83
	Rubitz	90, 91
	Ruckdeschelstraße	84
	Rudolf-Diener-Straße	16, 17, 30, 31, 46
S	Schillerstraße	38, 39, 96, 97
	Schleizer Straße	87
	Schloßberg	27, 100
	Schloßstraße	30, 31
	Schülerstraße	32, 33
	Siemensstraße	2, 70, 71, 95
	Sommerleithe	87
	Sorge	8, 12, 13, 24, 26, 30, 31, 46, 47
	Steinbeckstraße	89
	Steinweg	8, 38, 39, 46
	Straße der Freundschaft	66, 67
	Straße des Bergmanns	42, 43
	Straße des Friedens	64, 65
	Südstraße	56, 57, 84, 85
T	Theaterstraße	14, 15, 23, 54, 55, 82, 83, 94
	Thieschitz	90, 91
	Thüringer Straße	62, 63, 95
	Tinzer Straße	95, 52
	Tschaikowskistraße	81
	Turmstraße	96, 97
U	Uhlandstraße	46, 47
	Untermhaus	99
	Untermhäuser Straße	27, 100
	Untermhäuser Brücke	60, 61, 99
V	Vogtlandstraße	84, 85, 88
W	Webergasse	46, 47
	Weg der Freundschaft	95
	Weinberg	16, 17
	Weinbergstraße	27, 100
	Weiße Elster	27, 81, 100
	Werner-Sylten-Straße	92, 93
	Weststraße	56, 57, 84
X	—	—
Y	—	—
Z	Zabelstraße	40, 41, 48
	Zeulsdorfer Straße	29, 87
	Zeulenrodaer Straße	87
	Ziegelberg	47
	Zoitzbergstraße	88
	Zschochernstraße	46, 47

DMS Daten Management Service GmbH

Wohnungsbaugenossenschaft „Glück Auf" Gera eG

GWB „Elstertal" – Geraer Wohnungsbaugesellschaft mbH

OV Lebenshilfe Gera Stadt | Land e. V.

Wohnungsbaugenossenschaft Aufbau Gera eG

Möbel RIEGER Gera GmbH & Co. KG

ZGT Verlag GmbH, Zentralredaktion Ostthüringer Zeitung

Allround Pictures

Gera Arcaden

SRH Wald-Klinikum Gera GmbH

Druckhaus Gera GmbH

HELI Transport und Service GmbH Hoch- und Tiefbau

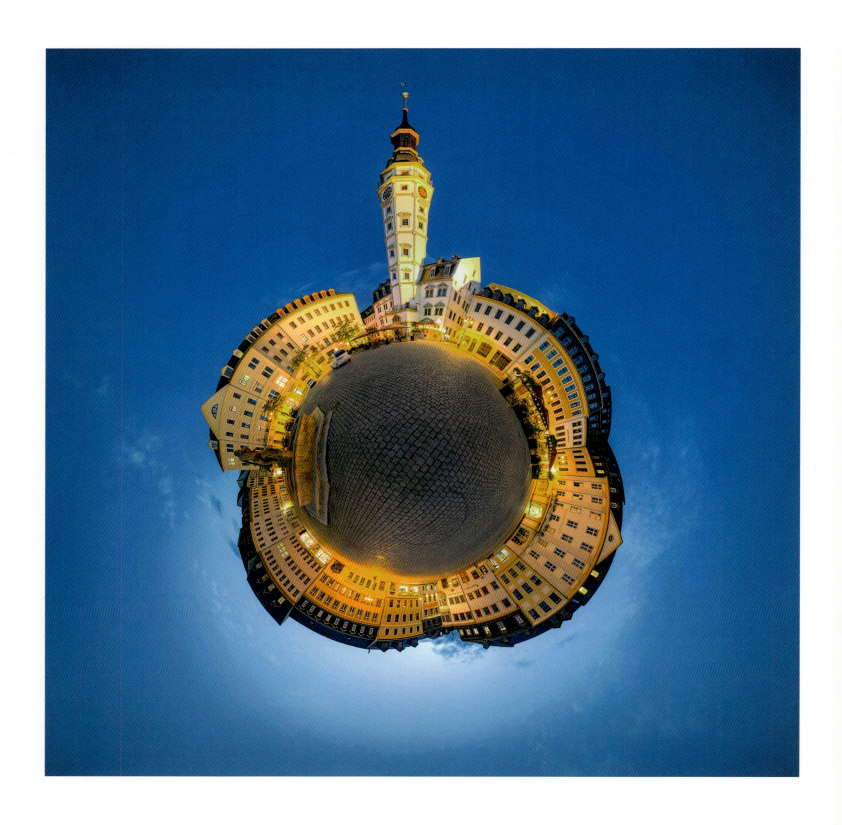

BILDNACHWEIS

Die acht historischen Bilder bzw. Postkarten von Seite 22 bis 29 wurden uns vom Stadtarchiv Gera zur Verfügung gestellt. Gleiches gilt für die Stadtkarten im Vorsatz (von 1842) und im Nachsatz (von 1898).

Seite Urheber
22   Stadtarchiv Gera | Junkers Luftbild
23   Stadtarchiv Gera | Hans Wolf, Gera
24   Stadtarchiv Gera | Stadt- und Regionalbibliothek Gera
25   Stadtarchiv Gera | Walter Schuster, Gera
26   Stadtarchiv Gera | unbekannt
27   Stadtarchiv Gera | Helmut Ende, Magdeburg
28   Stadtarchiv Gera | Siegrid Schädlich
29   Stadtarchiv Gera | Dieter Baumbach
100   Tino Zippel | Gera 2013

Alle Luftbildaufnahmen wurden von Herrn Jörg-Uwe Jahn von Juni bis August 2014 angefertigt.

Die Eigenschreibweisen von Gebäuden und Firmen wurden nach Möglichkeit beibehalten.

Wir danken allen Beteiligten und Förderern recht herzlich für ihre Unterstützung und die gute Zusammenarbeit.